Libro Interreligioso de Oraciones

Ted Brownstein © copyright 2001 – en inglés
© copyright 2015 – en español

tedbro@aol.com

ISBN: 978-0-9832609-9-8

"Es indudable que los pueblos del mundo de cualquier raza o religión derivan su inspiración de una sola Fuente celestial y son los súbditos de un solo Dios".

~ FE BAHÁ'Í

PRÓLOGO

Este pequeño libro de oraciones es dedicado a la unidad de todas las religiones. Las grandes tradiciones religiosas de la humanidad contienen muchos de los mismos valores espirituales: una reverencia por el Creador, una apreciación de la naturaleza, el respeto por la sacralidad de la vida, el reconocimiento de la necesidad de la salvación personal y colectiva y fe en la regencia divina sobre los asuntos humanos. Además, todos fomentan el cultivo de las virtudes: el amor, la bondad, la honestidad, la humildad, la disciplina y el servicio.

A pesar de la existencia de esta base de creencias compartidas, las diferencias religiosas muy a menudo ocasionan desconfianza y animosidad. Los elementos comunes pasan desapercibidos y prevalecen los malentendidos. El puente que conduce a la reconciliación lo constituye la comprensión y el respeto mutuos. Cuanto más sabemos sobre las otras religiones, más veremos lo que tenemos en común.

Nada revela el corazón de un pueblo más que la oración. Y compartir las oraciones de una variedad de tradiciones religiosas tiene un potencial especial. Puede unir a los corazones en un reconocimiento sagrado de los misterios de la vida y los valores sagrados que todos tenemos en común.

De la oscuridad a la luz,
De la muerte a la vida,
Del error a la verdad.
Guíame de la desesperación a la esperanza,
Del temor a la confianza.
Guíame del odio al amor,
De la guerra a la paz.
Que la paz llene nuestros corazones,
Nuestro mundo, nuestro universo.
Paz. Paz. Paz.

~ MADRE TERESA DE CALCUTA (ADAPTADO DE LOS UPANISHADS HINDÚES)

Pedid, y se os dará;
buscad, y hallaréis; llamad, y se os abrirá.

∿ Jesucristo

CONTENIDO

Llamada a la Oración

Minarete desde el que los musulmanes son llamados a la oración pública.

Dios es el más Grande, Dios es el más Grande.
Atestiguo que no hay Dios más que Dios.
Atestiguo que no hay Dios más que Dios.
Atestiguo que Muhammad es el mensajero de Dios.
Atestiguo que Muhammad es el mensajero de Dios.
Acudid a la oración.
Acudid a la oración.
Venid al triunfo.
Venid al triunfo.
Dios es el más Grande, Dios es el más Grande.
No hay Dios más que Dios.

ISLAM (RECITADA DESDE LOS MINARETES
A LA HORA DE LA ORACIÓN PÚBLICA)

¡Cuán hermosas son tus tiendas, oh Jacob, tus moradas, oh Israel!
En cuanto a mí, a través de tu abundante bondad entraré en Tu casa;
me postraré ante Tu Santo Santuario en mi temor ante Ti.
Oh Dios, amo la casa donde moras
Y el lugar donde reside tu gloria.
Me postraré y me inclinaré,
me arrodillaré ante Dios, mi Hacedor.
En cuanto a mí, que mi oración a Ti, Dios,
Sea en un momento oportuno;
Oh Dios, por tu inmensa bondad,
Respóndeme con la verdad de Tu salvación.

JUDAÍSMO (RECITADO AL ENTRAR EN LA SINAGOGA)

Así que recomiendo, ante todo, que se hagan plegarias, oraciones, súplicas y acciones de gracias por todos, especialmente por los gobernantes y por todas las autoridades, para que tengamos paz y tranquilidad, y llevemos una vida piadosa y digna. Esto es bueno y agradable a Dios nuestro Salvador.

～ Cristiandad (Nuevo Testamento, Timoteo 1º)

La Buena Influencia de la Oración

Entona, oh Mi siervo, los versículos de Dios
     que has recibido, como son entonados
por aquellos que se han acercado a Él,
     para que la dulzura de tu melodía
encienda tu propia alma y atraiga los
     corazones de todos los hombres.
Siempre que alguien recite en la
     intimidad de su aposento los versículos
que Dios ha revelado, los ángeles esparcidores
     del Todopoderoso difundirán por doquier
la fragancia de las palabras emanadas de su
     boca, y harán que palpite el corazón de
todo hombre recto.
     Aunque al principio permanezca inconsciente
de su efecto, sin embargo, la virtud de la gracia
     que le ha sido concedida debe
necesariamente ejercer tarde o temprano
     influencia sobre su alma.
Así han sido decretados los misterios de la
     Revelación de Dios en virtud de la Voluntad
de Aquel que es la Fuente de poder y sabiduría.

～ Fe Bahá'í

Oración Judía

Representación artística de la antigua
Jerusalén con el templo en el primer plano.

La práctica judía tradicional requiere la recitación de
oraciones específicas tres veces al día, por la mañana, al
mediodía y en la noche. Incluyen el *Shemá* que proclama la
Unicidad de Dios, además de Salmos seleccionados.

El Shemá

Oye, oh Israel. El SEÑOR es nuestro Dios, El SEÑOR es Uno.
   Bendito es el Nombre Majestuoso eternamente.
Ama al SEÑOR Tu Dios con todo tu corazón y con toda tu alma
   y con todas tus fuerzas.
Grábate en el corazón estas palabras que hoy te mando.
   Incúlcaselas continuamente a tus hijos.
Háblales de ellas cuando estés en tu casa y cuando vayas por el
   camino, cuando te acuestes y cuando te levantes.
Átalas a tus manos como un signo; llévalas en tu frente como
   una marca;
Escríbelas en los postes de tu casa y en los portones de
   tus ciudades.

שְׁמַע|יִשְׂרָאֵל, יהוה|אֱלֹהֵינוּ, יהוה|אֶחָד

Sh'ma Yisrael Adonai Elohaynu Adonai Echad.

Notas: El Shemá es la oración más esencial de la vida judía. Invoca el sagrado nombre de Dios, y reconoce Su unidad, el sello distintivo del monoteísmo. El Shemá es recitado cada noche y cada mañana de acuerdo con el dicho: "cuando te acuestes y cuando te levantes". Los filacterias, que son tiras de cuero que contienen pequeños estuches de escritura sagrada, se atan a los brazos y a la frente de acuerdo con el dicho "y tú las atarás como una señal en tu mano y [. . .] como frontales entre tus ojos". Estos mismos versículos se colocan en las jambas de los hogares judíos en la mezuzá según el dicho, "tú las trazarás en las jambas de tu casa".

Esta oración es citada casi textualmente de Deuteronomio 6:4-9, a excepción del segundo renglón, "Bendito [. . .] eternamente" Este renglón tiene un origen místico. Según la tradición, cuando Moisés subió al monte Sinaí para recibir los Diez Mandamientos, escuchó a los ángeles alrededor del trono divino repitiendo este renglón una y otra vez. Es recitada en voz baja para que los ángeles no se den cuenta que su oración más importante fue robada. Sin embargo, en Yom Kipur es recitada en voz alta, tan desesperada es la necesidad de la salvación.

¡**A**leluya! ¡Alabado sea el SEÑOR!
Alaben al SEÑOR desde los cielos, alábenlo desde las alturas.
Alábenlo, todos sus ángeles, alábenlo, todos sus ejércitos.
Alábenlo, sol y luna, alábenlo, estrellas luminosas.
Alábenlo vosotros, altísimos cielos, y vosotros, las aguas que están
sobre los cielos.

Sea alabado el nombre del SEÑOR, porque él dio una orden y
todo fue creado.
Todo quedó afirmado para siempre; emitió un decreto que no será
abolido.

Alaben al SEÑOR desde la tierra los monstruos marinos y las
profundidades del mar,
El relámpago y el granizo, la nieve y la neblina, el viento tempestuoso
que cumple su mandato,
Los montes y las colinas, los árboles frutales y todos los cedros,

Los animales salvajes y los domésticos, los reptiles y las aves,
Los reyes de la tierra y todas las naciones, los príncipes y los gober-
nantes de la tierra,
Los jóvenes y las jóvenes, los ancianos y los niños.

Alaben el nombre del SEÑOR, porque sólo su nombre es excelso;
su esplendor está por encima de la tierra y de los cielos.
¡Él ha dado poder a su pueblo!
¡A Él sea la alabanza de todos sus fieles,
de los hijos de Israel, su pueblo cercano!

¡Aleluya! ¡Alabado sea el SEÑOR!

～ Salmo 148

En cuanto a mí, mi lengua alabará Tu justicia. . .
Tú has puesto en mis labios una fuente de alabanzas
Y en mi corazón los secretos del origen de toda obra humana

Y la comprensión del camino perfecto
Y los juicios relativos a toda obra hecha por el hombre.
Tú juzgas al hombre justo según Tu verdad
Y condenas a los impíos a causa de su culpa.
Anuncias la paz para todo hombre de la Alianza
Y lanzas un terrible grito de aflicción para todo aquel que la infrinja.
Que bendigan siempre todas tus obras.
Bendito sea Tu nombre por siempre jamás. Amén. Amén.

～ Canciones de los Sabios, Pergaminos del Mar Muerto

¡**A**leluya! ¡Alabado sea el SEÑOR!
Alaben, siervos del SEÑOR,
alaben el nombre del SEÑOR.
Bendito sea el nombre del SEÑOR,
desde ahora y para siempre.
Desde la salida del sol hasta su ocaso,
sea alabado el nombre del SEÑOR.
El SEÑOR domina sobre todas las naciones;
su gloria está sobre los cielos.
¿Quién como el SEÑOR nuestro Dios,
que tiene su trono en las alturas
y se digna contemplar los cielos y la tierra?
Él levanta del polvo al pobre
y saca del muladar al necesitado;
los hace sentarse con príncipes,
con los príncipes de su pueblo.
A la mujer estéril le da un hogar
y le concede la dicha de ser madre.
¡Aleluya! ¡Alabado sea el SEÑOR!

～ SALMO 113

Cuando Israel, el pueblo de Jacob, salió
de Egipto, de un pueblo extraño,
Judá se convirtió en el santuario de Dios;
Israel llegó a ser su dominio.
Al ver esto, el mar huyó;
el Jordán se volvió atrás.
Las montañas saltaron como carneros,
los cerros saltaron como ovejas.
¿Qué te pasó, mar, que huiste,
y a ti, Jordán, que te volviste atrás?
¿Y a vosotros, montañas que saltaron como carneros?
¿Y a vosotros, cerros, que saltaron como ovejas?
¡Tiembla, oh tierra, ante el SEÑOR,
tiembla ante el Dios de Jacob!
¡Él convirtió la roca en un estanque,
el pedernal en manantiales de agua!

～ SALMO 114

Tikun Olam

La frase hebrea, tikun olam significa "la sanación del mundo". Una creencia central del judaísmo es que cada generación debe orar y trabajar en asociación con Dios hacia la armonía y la paz universales.

La paz sea con vosotros, ángeles mayordomos, mensajeros del
   Altísimo, del Rey de reyes, el Santificado, bendito sea.
Ingresad en paz, ángeles de la paz, mensajeros del Altísimo, del
   Rey de reyes, el Santificado, bendito sea.
Bendíceme con la paz, ángeles de la paz, mensajeros del Altísimo,
   del Rey de reyes, el Santificado, bendito sea.
Marchaos en paz, ángeles de la paz, mensajeros del Altísimo, del
   Rey de reyes, el Santificado, bendito sea.

~ ORACIÓN DEL SÁBADO DEL SIGLO 17

Que el que hace que la paz reine sobre los cielos, reine la paz
   sobre Israel y sobre todos los pueblos del mundo, y decimos
   Amén.

~ OSEH SHALOM

"¡Vengan, subamos al monte del Señor,
   para que nos enseñe sus caminos!"
Él juzgará entre las naciones
   y será árbitro de muchos pueblos.
Convertirán sus espadas en arados
   y sus lanzas en hoces.
No levantará espada nación contra nación,
   y nunca más se adiestrarán para la guerra.

~ ISAÍAS

Una Percepción Judía
de la Oración

Oración: Su nombre hebreo es *tefilá*, palabra que nos da una idea del concepto de la oración según la Torá. La palabra *tefilá* esencialmente significa *juzgar, diferenciar, aclarar, decidir*. En la vida, constantemente diferenciamos una evidencia de rumores, las opciones válidas de ilusorias especulaciones, la realidad de la fantasía. Por lo tanto, la oración es el anhelo del alma de definir lo que realmente importa y hacer caso omiso de las trivialidades que a menudo se disfrazan como primordiales.

~ Siddur Avodas Ha Lev

Dios conoce nuestras necesidades sin que se lo recordemos. Las conoce mejor que nosotros mismos. Si la oración fuera destinada sólo para informar a Dios de nuestros deseos y deficiencias, no sería necesaria. Su verdadero propósito es elevar el nivel de los suplicantes ayudándoles a desarrollar percepciones genuinas de la vida, para que sean dignos de Sus bendiciones.

Esta es la función del proceso de la oración, la de evaluar y tomar decisiones. El verbo hebreo que significa orar es reflexivo, lo cual indica que quien ora actúa sobre sí mismo. La oración es un proceso de *auto*-evaluación, *auto*-juicio; un proceso de ausentarse del *tumulto* de la vida e ir a un pequeño rincón de la verdad para reestablecer los lazos que ligan a uno a la *finalidad* de la vida.

~ El *Artscroll Sidur* completo

Oración Hindú

ॐ

Templo hindú de la Torre en Tamil Nadu, India

Según la teología hindú, entre los varios miles de nombres de Dios, no hay ninguno que más conviene a Dios, que mora en el corazón, y sea desprovisto de pensamientos, tan verdadera, acertada, y hermosamente como el nombre "Yo soy". De todos los nombres conocidos de Dios, solamente el nombre de Dios "Yo soy" resonará triunfalmente cuando el ego quede eliminado, y surgirá como la palabra silenciosa suprema dentro del espacio del corazón.

¡QUE TE COMPLAZCA, OH SEÑOR, MOSTRAR MISERICORDIA!

¡**O**h, Señor del universo!, ¡oh, forma universal!
Tú eres el objetivo supremo primario,
El supremo lugar de soporte de todo este universo.
Tú eres el sustentador de la religión eterna.
Tú no tienes origen, intermedio ni fin. Tu gloria es ilimitada.
Tú tienes innumerables brazos, y el Sol y la Luna son Tus ojos.
Te veo con un fuego ardiente que Te sale de la boca,
Quemando todo este universo con Tu propio resplandor.
Aunque Tú eres uno,
Te difundes por todas partes del cielo y de los planetas,
Y por todo el espacio que hay entre ellos.
¡Oh, Tú, el grandioso!,
Al ver esta forma maravillosa y terrible,
Todos los sistemas planetarios se perturban.
¡Mis reverencias a Ti por delante, por detrás y por todas partes!
¡Oh, poder infinito!, ¡Tú eres el amo de una fuerza ilimitada!
¡Tú eres omnipresente, y, en consecuencia, lo eres todo!
Tú eres el padre de toda esta manifestación cósmica, de lo
    móvil y lo inmóvil.
Tú eres su venerable jefe, el maestro espiritual supremo.
Nadie es igual a Ti, ni nadie puede ser uno contigo.
¡Oh, Señor de un poder inconmensurable! ¿Cómo, entonces,
    puede haber alguien superior a Ti dentro de los tres mundos?
Tú eres el Señor Supremo, quien ha de ser adorado por todo
    ser viviente.
Debido a ello, caigo a ofrecerte mis respetuosas reverencias
Y a pedir Tu misericordia.
Así como un padre tolera la imprudencia de su hijo,
O como alguien tolera la impertinencia de un amigo,
O como la esposa tolera la familiaridad de su cónyuge,
Por favor tolera los agravios que te pude haber hecho,
Señor de los señores.

                                    ～ BHAGAVAD-GITA, XI

La no violencia es la ley de nuestra especie como
  la violencia es la ley de la bestia.
El espíritu permanece inactivo en el bruto, y éste
  no conoce ninguna ley menos la de la fuerza física.
La dignidad del hombre requiere obediencia a una
  ley superior, a la fuerza del espíritu.

〜 Mahatma Gandhi

Oración por la Paz

No deseo ni reino terrenal, ni siquiera la libertad entre
  nacer y morir.
Deseo sólo la liberación del dolor de todos los afectados
  por la miseria.
Oh Señor, llévanos de lo irreal a lo real, de la oscuridad a
  la luz, de la muerte a la inmortalidad.
Que haya paz en las regiones celestes.
Que haya paz en la tierra.
Que las aguas apacigüen.
Que las hierbas sean sanas y los árboles y las plantas
  traigan paz para todos.
Que todos los seres benéficos
  nos traigan paz.
Que Tu sabiduría extienda la paz a lo largo del mundo.
Que todas las cosas sean fuente de paz para todos y para
  mí. Om Shanti, Shanti, Shanti (Paz, Paz, Paz).
¡O Krishna, Señor del Yoga! Ciertamente la bendición y la
  victoria y el poder no fallarán por Tu poderosísimo Ser.

〜 Oración popular hindú
adaptada de los Upanishads

Una Perspectiva Hindú
de la Oración

El gatito maúlla y la madre gata se apura para llevárselo. Similarmente, el devoto llora y el Señor viene a rescatarlo. La oración es cercanía a Dios. Es sintonizar la mente de uno con la mente de Dios. Es centrar los pensamientos en Dios y meditar sobre Él. La oración es rendirse a Dios por completo y en silencio fundir la mente y el ego en Dios. La oración representa un estado místico en que la conciencia individual es absorbida en Dios. Es elevar el alma a Dios, un acto de amor y adoración a Él. Es la adoración y glorificación de Dios. Es agradecer a Dios por todas Sus bendiciones.

¿A quién es respondida su oración? La oración debe brotar del corazón y no ser mero homenaje labial. La oración vacía es como metal que resuena o címbalo que retiñe. La oración que nace de un corazón puro y sincero es escuchada en seguida por el Señor. La oración de un hombre pérfido, descarriado o perverso nunca es escuchada.

El aliento le ha sido dado por el Señor para usarlo en la oración. No hay problema que no se pueda resolver mediante la oración, no hay sufrimiento que no pueda aliviarse con la oración, no hay dificultad que no pueda ser superada mediante la oración y no hay mal que no pueda ser superado a través de la oración. La oración es el milagro por el cual el poder de Dios fluye en las venas humanas. Por lo tanto, arrodíllate y ora. Cuando las tormentas de la lujuria y la ira, la vanidad y la saña rabian dentro de tu seno, arrodíllate y reza. Pues el Señor, y Él solo, reina sobre los elementos. En tu ruego radica tu fuerza, protegida por la misericordia del Señor, y espoleada en el camino de la justicia por Su Voluntad Divina.

~ Swami Paramananda

Oración Budista

Pórtico budista en Sanchi, India

El propósito de la oración y meditación budistas es purificar los pensamientos. Al centrar la atención en lo que es puro y santo, sencillo y libre de pasión, uno hace que crezca su felicidad y alcanza la iluminación. Esto es intimado en los versos iniciales de la Dhammapada:

> Todos los estados encuentran su origen en la mente. La mente es su fundamento y son creaciones de la mente.
> Si uno habla o actúa con un pensamiento impuro, entonces el sufrimiento le sigue de la misma manera que la rueda sigue la pezuña del buey.
> Todos los estados encuentran su origen en la mente. La mente es su fundamento y son creaciones de la mente.
> Si uno habla o actúa con un pensamiento puro, entonces la felicidad le sigue como una sombra que jamás le abandona.

La meditación aquieta la mente. Al concentrarse en un solo sonido o idea, se apartan los pensamientos preocupantes e invade la paz. La meditación mantra es meditación cantada. Uno se sienta en silencio y repite ciertas palabras o frases sagradas. El objetivo es alcanzar un estado superior de conciencia y éxtasis espiritual. Quizás la mantra más famosa en el budismo tibetano sea OM MANI PADME HUM que se puede traducir como "la joya en el corazón de la flor del loto".

ༀ་མ་ཎི་པདྨེ་ཧཱུྃ

Om Mani Padme Hum (en Caracteres Tibetanos)

EL DESPRENDIMIENTO

Es bueno controlar la mente:
> difícil de dominar, voluble y tendiente a posarse
> allí donde le place.

Una mente controlada conduce a la felicidad.

La mente es muy difícil de percibir, extremadamente sutil,
> y vuela tras sus fantasías. Él sabio la controla.

Una mente controlada lleva a la felicidad.

Dispersa, vagando sola, incorpórea, oculta en una cueva,
> es la mente. Aquellos que la someten se liberan de las
> cadenas de muerte.

Aquel cuya mente es inestable, no conoce la enseñanza
> sublime, y aquel cuya confianza vacila, su sabiduría
> no alcanzará la plenitud.

Aquel cuya mente no está sometida a la avidez ni es
> afectada por el odio, habiendo trascendido tanto
> lo bueno como lo malo, permanece vigilante y
> sin miedo.

> ∼ DHAMMAPADA, 3. LA MENTE

EL QUE
LLAMO NOBLE

Él sol brilla de día; la luna brilla de noche;
    en su armadura brilla el rey guerrero;
    en la meditación brilla el noble.
    Pero todo el día y toda la noche brilla el Buda
    en su esplendor. . .
Nunca debe dañarse a un noble, ni deberá el noble
    devolver el daño al que se lo ha provocado.
Se avergüence aquel que lastime a un noble. Más se
    avergüence el noble que quiera vengarse. . .
Yo no llamo merecidamente noble a uno porque ha
    nacido en tal linaje o de madre brahmín.
No puede serlo merecidamente quien no se ha liberado
    de los impedimentos.
El que está libre de impedimentos (mentales), libre de
    ataduras, a ése llamo noble.
El que ha cortado todas las ataduras y no tiembla, el que
    ha ido más allá de toda atadura y es libre, a ése llamo
    yo noble.
El que ha cortado la correa (de la malevolencia), las
    riendas (de la codicia) y la cuerda (de las herejías),
    junto con la erradicación de las tendencias latentes,
    y ha diluido la ignorancia y es un iluminado, a ése
    llamo yo noble.
El que sin odio padece reproches, golpes y castigos,
    para quien la paciencia es su arma y poder, a ése
    llamo yo noble.
Quien carece de cólera, pero es firme, virtuoso, libre
    de avidez, auto controlado y que éste será su último
    renacimiento, a ése llamo yo noble.
Aquel que como el agua en la hoja del loto, o como
    el grano de mostaza en la punta de una aguja, no
    se agarra a los placeres, a ése llamo yo noble…
Aquel que sólo profiere palabras gentiles, instructivas
    y veraces, que habla sin ofender a nadie, a ése llamo
    yo noble.

        ~ DHAMMAPADA, 26. EL NOBLE

El Cántico del Refugio

Al pie del árbol bodhi, bellamente sentado, tranquilo y sonriente,
a la fuente viva de la comprensión y la compasión, al Buda me
acudo a refugiarme.

(campana)

Por el camino de la vida consciente, el que lleva a la curación,
la dicha y la iluminación, vía de la paz, al Dharma me refugio.

(campana)

A la amorosa comunidad de la práctica que cultiva la armonía, la
conciencia y la liberación, a la Sanghame acudo.

(campana)

Me comprometo a practicar la respiración consciente y sonriente,
ver profundamente las cosas.
Me comprometo a comprender a los seres vivos y su sufrimiento,
a cultivar la compasión y la misericordia, y cultivar la alegría
y la ecuanimidad.

(campana)

Me comprometo a ser portador de alegría a una persona por la
mañana y ayudar a aliviar el dolor de una persona por la tarde.
Me comprometo a vivir con sencillez y con cordura, contento con
sólo unas pocas pertenencias [. . .]
Me comprometo a dejar de lado toda preocupación y ansiedad a fin
de ser grácil y libre.

(campana)

Soy consciente de que debo mucho a mis padres, a mis maestros,
amigos y a todos los seres.
Me comprometo a ser digno de su confianza, a adiestrarme de todo
corazón, para que florezcan la comprensión y la compasión, y
pueda ayudar a los seres vivientes librarse de su sufrimiento.
Que el Buda, el Dharma y la Sangha apoyen mis esfuerzos.

(tres toques de campana)

La Felicidad

Cualesquiera seres aquí congregados,
Terrestres o celestiales,
Que todos los seres estén felices
Y también que escuchen atentamente estas palabras.

Por lo tanto, todos escuchen.
Tengan amor por los seres humanos
que día y noche les traen ofrendas.
Por lo tanto, protéjanlos con diligencia.

Cualquier tesoro que hay
Aquí o en el otro mundo,
Cualquier joya que hay en los cielos,
Ninguna es comparable con el Iluminado.
En el Buda existe esta preciosa joya.
Por esta verdad, que haya felicidad.

El sabio sereno de los Sakyas
Realizó cesación, desembarazo de pasiones,
Inmortalidad, excelencia.
No hay nada que se compare con este dhamma (enseñanza).
También en el dhamma existe esta preciosa joya.
Por esta verdad, que haya felicidad.

⇝ Canon Pali, Ratana Sutta

Somos visitantes en este planeta.
Estamos aquí por 90 o cien años a lo sumo.
Durante este periodo, debemos tratar de hacer algo
    bueno, algo útil con nuestra vida.
Si contribuimos de alguna manera con la felicidad
    de otro, encontraremos la verdadera misión,
      el verdadero significado de la vida.

⇝ Su Santidad Tenzin Gyatso, el Dalai Lama XIV

El Discurso de Buda
Sobre la Buena Voluntad

¡Que todos los seres sean felices y estén en paz!
¡Que sus corazones estén contentos!
Que todos los seres, sean móviles o inmóviles,
Largos o altos, o medianos,
Finos o bastos, visibles o invisibles,
Lejanos o cercanos, nacidos o por nacer,
Que todos ellos sean felices.
Que nadie engañe a nadie,
Que nadie en ningún sitio desprecie a nadie,
Que nadie desee el mal de nadie,
Ni por la cólera ni por el odio.
Que cultive un sentimiento ilimitado de amor
    hacia todos los seres,
Tal como protege la madre a su único hijo, aún
    a costa de su propia vida.
Que sus pensamientos de amor ilimitado
    penetren el mundo entero:
De arriba hacia abajo y a través,
Sin obstrucción alguna,
Sin odio, sin enemistad.
Que no deje de estar alerta siempre,
Parado o sentado, caminando o echado;
Y que cultive siempre este pensamiento.
Este es, dicen, el cielo en la tierra.

~ Canon Pali, Sutta Nipata

Oración Cristiana

La basílica de San Pedro en el Vaticano

Las prácticas cristianas de la oración varían mucho de una iglesia a otra. Muchas oraciones cristianas se ofrecen en forma extemporánea, desde el corazón. Otras se rezan textualmente.

Tanto en los tiempos antiguos como en la actualidad, los cristianos han hecho amplio uso de los Salmos del Antiguo Testamento. La oración más popular revelada en el Nuevo Testamento es el Padre Nuestro o la Oración del Señor. Algunos de los primeros cristianos repetían esta oración tres veces al día según el patrón de la oración judía. La Liturgia de las Horas se compone de una serie de oraciones que fueron utilizadas en los monasterios de la antigüedad. En su forma más tardía y completa, los servicios de oración se celebraron siete veces durante el día (Salmos 119:164) y una vez a la medianoche (Hechos16:25).

Otras oraciones fueron compuestas por santos cristianos o dirigentes de la iglesia de las diversas sectas y denominaciones.

El Padre Nuestro

Padre nuestro que estás en los cielos,
Santificado sea tu Nombre;
Venga a nosotros tu Reino;
Hágase tu Voluntad así en la tierra como en el cielo.
Nuestro pan de cada día, danos el de hoy;
Perdona nuestras deudas,
Así como también perdonamos a nuestros deudores;
Y no nos dejes caer en tentación, mas líbranos del mal.
Amén.

~ Jesucristo (El evangelio según San Mateo)

Oraciones de la Tarde

Señor, permite que la luz de Tu gloria brille sobre nosotros.
Y llévanos a través de las tinieblas de este mundo a la
    radiante dicha de nuestro hogar eterno.
Te lo pedimos por nuestro Señor Jesucristo, Tu Hijo,
Que vive y reina contigo y el Espíritu Santo, un solo Dios,
    por los siglos de los siglos.

~ De la Liturgia de las Horas

Mi Padre Celestial, te doy las gracias, por Jesucristo, tu Hijo
amado, porque por Tu gracia me has protegido. Perdóname, te
ruego, todos mis pecados y el mal que haya hecho. Protégeme,
por Tu gracia, esta noche. Me pongo bajo Tu cuidado, cuerpo y
alma y todo cuanto tengo. Que Tus santos ángeles me acompañen,
para que el malvado enemigo no se apodere de mí. Amén.

~ del Catecismo Menor de Martín Lutero

El Señor es mi Pastor

El Señor es mi pastor, nada me faltará:
En verdes praderas me hace reposar,
Junto a aguas de reposo me pastoreará.
Conforta mi alma;
Me guiará por sendas de justicia,
Por amor de su nombre;
Aunque ande en valle de sombra de muerte,
No temeré mal alguno,
Porque Tú estás conmigo,
Tu vara y Tu cayado me infundirán aliento.
Aderezas una mesa delante de mí en presencia de mis angustiadores,
Unges mi cabeza con aceite; mi copa está rebozando.
Ciertamente el bien y la misericordia me seguirán
Todos los días de mi vida;
Y en la casa del Señor moraré
Por largos días.

↬ Salmo 23. La Santa Biblia, antigua versión
de Casiodoro de Reina 1569.

Alzo mis Ojos

Alzaré mis ojos a los montes: ¿de dónde me vendrá mi socorro?
Mi socorro viene del Señor, que hizo los cielos y la tierra.
No dará tu pie al resbaladero,
Ni se dormirá el que te guarda;
He aquí, no se adormecerá ni dormirá
El que guarda a Israel.
El Señor es tu Guardador,
El Señor es tu sombra a tu mano derecha.
El sol no te fatigará de día, ni la luna de noche.
El Señor te guardará de todo mal, Él guardará tu alma;
El Señor guardará tu salida y tu entrada.
Desde ahora y para siempre.

↬ Salmo 121 (Ídem)

FRENTE A LAS INJUSTICIAS

A Ti ofrecemos nuestro agradecimiento
Por enviar a Tu único Hijo a morir por todos nosotros.
En un mundo dividido por barreras de color,
¡Qué cosa tan dulce es saber
Que todos pertenecemos a una sola familia!

Hay momentos en que nosotros los desfavorecidos,
Lloramos lágrimas que no se oyen pero que son vivas,
Cuando pensamos en los sufrimiento que padecemos.
A Ti te acudimos, nuestra única esperanza y refugio.

Ayúdanos, oh Dios, para no caer en la amargura
Contra los que nos tratan con dureza.
Te estamos agradecidos por el don de la risa en todo
    momento.
Sálvanos de odiar a los que nos oprimen
Para que sigamos el espíritu de Tu Hijo, Jesucristo.

～ ORACIÓN BANTÚ

ORACIONES POR LA PAZ

Bienaventurados los pacificadores, porque ellos serán llamados
hijos de Dios… No resistáis al que es malo; antes, a cualquiera que
te hiera en la mejilla derecha, vuélvele también la otra; y al que
quiera ponerte a pleito y quitarte a túnica, déjale también la capa…
Amad a vuestros enemigos, bendecid a los que os maldicen, haced
bien a los que os aborrecen, y orad por los que os ultrajan y os
persiguen. . Así que en todo traten ustedes a los demás tal y como
quieren que ellos los traten a ustedes.

～ JESUCRISTO (EVANGELIO SEGÚN SAN MATEO) (ÍDEM)

Oh Señor, hazme un instrumento de tu paz;
Donde haya odio, siembre yo amor;
Donde haya injuria, ponga yo perdón;
Donde haya duda, fe;
Donde haya desesperanza, ponga yo esperanza;
Donde haya tinieblas, ponga yo la luz;
Donde haya tristeza, ponga yo alegría.
Oh Divino Maestro,
Concédeme que no busque ser consolado,
Como consolar.
Ser comprendido como comprender.
Ser amado como amar.
Porque dando es como se recibe.
Perdonando se es perdonado.
Y muriendo como se resucita a la vida eterna.

         ∾ ORACIÓN DE SAN FRANCISCO

Dios Todopoderoso y Creador, Tú eres el Padre de todos los pueblos de la tierra. Guía, Te pido, a todas las naciones y a sus líderes por los caminos de la justicia y la paz. Protégenos de los males de la injusticia, de los prejuicios, la explotación, el conflicto y la guerra. Ayúdanos a eliminar la desconfianza, la amargura y el odio. Enséñanos a abandonar el almacenamiento y el uso de los instrumentos de la guerra. Guíanos a encontrar la justicia, la paz y la libertad. Únenos en la elaboración y creación de las herramientas de la paz contra la ignorancia, la pobreza, las enfermedades y la opresión. Haz que crezcamos en armonía y amistad, como hermanos creados a Tu imagen, para Tu honor y en Tu alabanza. Amén.

         ∾ DE UN LIBRO DE ORACIÓN CRISTIANO ORTODOXO

La bondad es más fuerte que la maldad;
El amor es más fuerte que el odio;
La luz es más fuerte que la oscuridad;
La vida es más fuerte que la muerte;
La victoria es nuestra a través de Él, que nos ama.

         ∾ EL ARZOBISPO DESMOND TUTU

Paz profunda aviento en ti;

¡Ay hastío aquí, ay dolor, aquí!

Paz profunda, una paloma blanca y suave deseo para ti;

Paz profunda, lluvia mansa deseo para ti;

Paz profunda, ¡una ola menguante deseo para ti!

Paz profunda, de ti un viento rojo del este;

Paz profunda, viento gris del oeste para ti;

Paz profunda, de ti un viento oscuro del norte;

Paz profunda, ¡un viento azul del sur para ti!

Paz profunda, el rojo puro de la llama para ti;

Paz profunda, el blanco puro de la luna para ti;

Paz profunda, el verde puro de la hierba para ti;

Paz profunda, el marrón puro de la tierra viva para ti;

Paz profunda, el gris pura del rocío para ti;

Paz profunda, el azul puro del cielo para ti!

Paz profunda de la ola ondulante para ti,

Paz profunda del aire que fluye para ti,

Paz profunda de la tierra tranquila para ti,

Paz profunda de las piedras dormidas para ti,

Paz profunda del pastor amarillo a ti,

Paz profunda de la pastora vagabunda a ti,

Paz profunda de la multitud de estrellas a ti.

Paz Profunda del Hijo de la Paz para ti.

Paz profunda, profunda paz.

⁓ Tradicional Bendición de Paz de Irlanda

Todo será Amén y Aleluya.

Reposaremos y veremos.

Veremos y sabremos.

Sabremos y amaremos.

Amaremos y alabaremos.

Más allá de nuestro fin que no tiene fin.

⁓ San Agustín

Una Oración de Fátima

Recitad el Rosario todos los días…
Rezad, rezad bastante y ofreced ofrendas para
   los pecadores. . .
Soy Nuestra Señora del Rosario,
Yo sola seré capaz de ayudaros. . .
Al final triunfará mi Inmaculado Corazón.

         ~ Nuestra Señora de Fátima

Cómo Recitar el Rosario

Se les insta a los católicos a rezar el rosario todos los días. El rosario consiste en la repetición de una secuencia específica de oraciones y meditaciones breves sobre la vida de Jesucristo y la Virgen María. Se utiliza una cadena de cuentas para contar cada oración mientras se reza.

1. Diga el Credo de los Apóstoles.
2. Rece el "Padre Nuestro".
3. Rece tres "Ave María" en las tres cuentas siguientes.
4. Rece el "Gloria al Padre".
5. Reflexione sobre el misterio de Cristo y María y rece el "Padre Nuestro"en la misma cuenta.
6. Rece diez "Ave María" en las próximas diez cuentas.
7. Finalice la secuencia con el "Gloria al Padre".

Repita los pasos 5-7 usando las cuentas restantes.

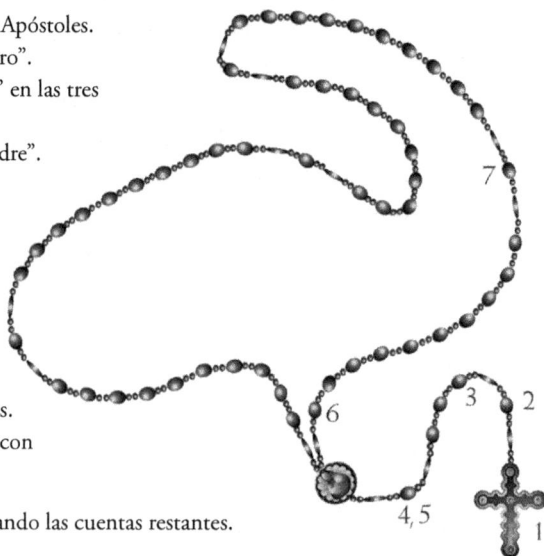

El Rosario

El Credo de los Apóstoles:

Creo en Dios, Padre Todopoderoso, Creador del cielo y de la tierra. Creo en Jesucristo su único Hijo, Nuestro Señor, que fue concebido por obra y gracia del Espíritu Santo. Nació de Santa María Virgen, padeció bajo el poder de Poncio Pilato, fue crucificado, muerto y sepultado, descendió a los infiernos, al tercer día resucitó de entre los muertos, subió a los cielos y está sentado a la derecha de Dios Padre, Todopoderoso. Desde allí va a venir a juzgar a vivos y muertos. Creo en el Espíritu Santo, la Santa Iglesia católica, la comunión de los santos, el perdón de los pecados, la resurrección de la carne y la vida eterna. Amén

El Padre Nuestro:

Padre nuestro que estás en los cielos, Santificado sea tu Nombre; Venga a nosotros tu Reino; Hágase tu Voluntad así en la tierra como en el cielo. Nuestro pan cotidiano danos el de hoy; Perdona nuestras deudas, Así como nosotros perdonamos a nuestros deudores; Y no nos dejes caer en la tentación, mas líbranos del mal. Amén.

El Ave María:

Dios te salve María, llena eres de Gracia, El Señor es contigo, bendita Tú eres entre todas las mujeres, y bendito es el fruto de tu vientre, Jesús. Santa María Madre de Dios, ruega por nosotros los pecadores, ahora y en la hora de nuestra muerte. Amén.

El Gloria al Padre:

Gloria al Padre, y al Hijo y al Espíritu Santo. Así como en un principio, ahora y siempre, por los siglos de los siglos. Amén.

El Himno del
Buen Samaritano

De todas las razas y todas las tierras,
Las víctimas de nuestros días,
Abusados y heridos por la mano del hombre
Están heridos en el camino de la vida.

El sacerdote y el levita pasan
Y no tienen tiempo para esperar.
Las demandas apremiantes de los vivientes llaman;
Los dejan a su suerte.

Pero uno de fe diferente
Se sintió obligado a cuidar.
Su amor activo como el del propio Jesús
Levantó, sanó y socorrió.

Que este ejemplo guie,
inspire y nos enseñe a todos
Para que encontremos en la fe de otros
El Dios a Quien clamamos.

~ Himno del Buen Samaritano

Sé para Nosotros
una Luna de Felicidad

Que seas tú para nosotros una luna de alegría y felicidad.
Que los jóvenes se hagan fuertes y el hombre adulto mantenga su fuerza, la mujer embarazada dé a luz y la nueva madre amamante a su hijo. Que el forastero llegue al final de su viaje y los que se quedan en casa moren con seguridad en la misma. Que los rebaños que van a alimentarse en los pastos vuelvan felices. Que seas tú una luna de cosechas y terneros. Que seas una luna de renuevo y buena salud.

~ Oración Etíope

DR. MARTIN LUTHER KING
ORACIÓN MEMORIAL

UNIVERSIDAD DE HOWARD (1970)

Dios Eterno, en el nombre del Señor Jesucristo, a Ti Te agradecemos hoy porque Tú has honrado el propósito de nuestra reunión. Te damos las gracias por haber enviado a nosotros, a esta Nación y al mundo, a nuestro gran líder fallecido, el Dr. Martin Luther King, hijo, poseedor de dones, dignidad y gracia únicos y de una elocuencia de sublime belleza. Él fue profundamente inspirador y desafiante para su generación. La potencia de su personalidad fue marcada por el progreso social y la reforma moral y ética.

Tú lo enviaste a nosotros como enviaste a Moisés a Egipto para liberar al pueblo hebreo de la esclavitud y la servidumbre. Te imploramos con sinceridad que la rica herencia de su filosofía pueda continuar inspirando a nuestra Nación y nuestra Raza para crear un orden social de amor, igualdad, fraternidad, compasión hacia los negros, los pobres, las personas socialmente desheredadas con dignidad y justicia para toda la gente.

Que la antorcha de la no violencia que él levantó en alto siga ardiendo brillantemente a pesar de la densa oscuridad que cubre el mundo hoy. Que nunca permitamos que su sueño sea una ilusión imposible. Que nunca nos rindamos ante el enemigo con quien él luchó con tanto valor, tanta valentía, y tanto heroísmo hasta el final.

En su morada entre los inmortales, no permitas que haya futuros aplazamientos, dilaciones ni retrasos en las justas demandas que él planteó ante el establecimiento de los Estados Unidos reclamando la regeneración de nuestra Sociedad.

> "Desde que el tiempo comenzó las minorías
> Han demostrado el lado mejor del hombre,
> Y a menudo en la lista del tiempo
> Sale un hombre que a una causa le da renombre".

En Su Nombre. Amén.

La Dicha de la Oración

De prisa, de prisa hora divina,
Regocijo extático—tuya es la felicidad.
Y éxtasis del trono en lo alto—
Más dulce que la vida para mí,
Cuando huye el mundo y los afanes;
Y habla Jesús, en tonos de amor,
¡Oh, hora de la oración! ¡Oh, hora divina!—
¡Tuyas son extática alegría y paz!

Más bello tú que los rayos del sol—
¡Santísimo momento de toda mi vida!
Oh, hora de amor y alegría, acércate—
Despliega, mi fe, estas alas de águila—
Apúrate a donde cantan los ángeles:
Donde defienda Jesús mi causa en lo alto.
!Oh, hora de la oración! ¡Oh, hora divina!
¡Tuyas son extática alegría y paz!

Ha llegado la hora de la oración—
Jesús precioso, maravilloso, escucha:
Bájate Tú desde tu trono en lo alto—
¡Bendíceme, bendíceme, Hijo de Dios!
Derrama Tú en mi corazón, por doquier,
Tu gracia salvadora, tu amor inmortal.
¡Oh, hora de la oración!¡Oh, hora divina!
¡Tuyas son extática alegría y paz!

Oh, Jesús, Tú eres mi porción: —
Sol de mi vida, la alegría de mi corazón.
¡Oh, éxtasis! Felicidad— ¡Oh, Dios de amor!
Exalta mis pensamientos, mis esperanzas, mi alma,
Más alto que donde giran los planetas—
Hasta tu deslumbrante trono de amor.
¡Oh, hora de la oración! ¡Oh, hora divina!
¡Tuyas son extática alegría y paz!

~ Oración Afroamericana 1837

Una Perspectiva Cristiana
Sobre la Oración

El mandato de Dios de "orar sin cesar" se basa en nuestra necesidad de Su gracia para preservar la vida en el almadada por Él, el cual no puede subsistir ni por un momento sin ella, como no puede hacerlo el cuerpo sin aire.

Ya sea que pensamos en o hablamos con Dios, si actuamos o sufrimos por Él, todo es oración, cuando no tenemos otro objetivo que no sea Su amor y el deseo de agradarle.

Todo lo que hace un cristiano, incluso comiendo y durmiendo, es oración, cuando se hace con sencillez, de acuerdo con el orden de Dios, sin añadirle o restar de ella por elección propia.

La oración sigue en el deseo del corazón, aunque el entendimiento se emplee para cosas externas.
En las almas llenas de amor, el deseo de agradar a Dios es oración continua.

Como el furioso odio que nos muestra el diablo se denomina rugido de león, así nuestro amor vehemente puede denominarse añorar a Dios.

Dios sólo requiere de Sus hijos adultos que sus corazones sean de verdad purificados y que a Él le ofrezcan continuamente los deseos y votos que naturalmente surgen del amor perfecto. Porque estos deseos, que son los verdaderos frutos del amor, son las oraciones más perfectas que de él se derivan,

~ John Wesley (Metodista)

Oración Islámica

Una vez detrás de las puertas de la mezquita, todo mu sulmán se llena en un ambiente de igualdad y amor. Ante su Creador todos están hombro con hombro, el rey junto con su súbdito más pobre, el rico vestido con hermosa túnica y el mendigo con harapos, el hombre blanco con el negro. Más bien, el rey u hombre rico de pie en la fila de atrás tendrá que inclinar la cabeza, postrándose delante de Dios, a los pies de un esclavo o un mendigo de pie en la parte de adelante…. Desaparecen las diferencias de rango, riqueza y color.

SALAT

Desde los minaretes de las mezquitas de todo el mundo islámico la llamada a la oración pública es cinco veces al día. Dondequiera se encuentren las personas y lo que estén haciendo, se detienen, desenrollan las alfombras de oración, y con los rostros dirigidos a la Meca recitan sus oraciones obligatorias. Tal oración se llama "Salat" en árabe. Las horas para el Salat son al amanecer, al mediodía, a la media tarde, a la puesta del sol y al caer la oscuridad.

لا إله إلا الله

La illaha illa Allah.
No hay Dios salvo Dios.

En el nombre de Dios, El más lleno de gracia, el más misericordioso.
Alabado sea Dios, el que ama y sostiene a todos los mundos,
El más lleno de gracia, el más misericordioso.
Señor del día del juicio,
A ti te adoramos y tu ayuda buscamos:
Muéstranos el camino recto,
El camino de aquellos a quienes has concedido tu gracia,
Aquellos cuya porción no es la ira, y que no se extravían.

En el nombre de Dios,
El más lleno de gracia, el más misericordioso.
Di: "¡Él es Dios, Uno,
Dios, el Eterno!
No ha engendrado, ni ha sido engendrado.
No tiene par"

~ PASAJES DEL CORÁN I: I-7 Y II2: I-5.
(ESTOS CONSTITUYEN LA PRIMERA PARTE
DE LA ORACIÓN RECITADA CINCO VECES AL DÍA.)

PRAISES

¡**E**n el nombre de Dios, el Compasivo, el Misericordioso!
¡Alabado sea Dios, Que creó los cielos y la tierra
E instituyó las tinieblas y la luz!
Aun así, los que no creen equiparan a otros a su Señor.
Él es Quien nos creó de la arcilla Y decretó a cada uno
    un plazo.
Ha sido fijado un plazo junto a Él. Y aún dudáis.
Él es Dios en los cielos y en la tierra.
Sabe lo que ocultáis y lo que manifestáis.
Sabe lo que merecéis.

                                   ～ CORÁN 6:1–3

Di: "Si hubiera dioses además de Él, como dicen,
Buscarían un camino
Que les condujera hasta el Señor del Trono.
¡Gloria a Él! ¡Está por encima de lo que dicen!"
Le glorifican los siete cielos, la tierra y sus habitantes.
No hay nada que no celebre Sus alabanzas,
Pero no comprendéis su glorificación.
Él es benigno, indulgente.

                               ～ CORÁN 17:42–44

¡**A**labado sea Dios!,
a Quien pertenece lo que está en los cielos y en la tierra!
¡Alabado sea también en la otra vida! Él es el Sabio,
    el Bien Informado.
Sabe lo que penetra en la tierra y lo que de ella sale,
    lo que desciende del cielo y lo que a él asciende.
Él es el Misericordioso, el Indulgente.

                               ～ CORÁN 34:1–2

CREADOR DE LOS CIELOS Y LA TIERRA

Vuestro Señor es Dios, que ha creado los cielos y la tierra en seis días. Luego, se ha instalado en el trono para disponerlo todo. Nadie puede interceder sin Su permiso. ¡Ése es Dios, vuestro Señor! ¡Servidle, pues! ¿Es que no os dejaréis amonestar?
Todos volveréis a Él.
¡Promesa de Dios, verdad! Él inicia la creación y luego la repite, para remunerar con equidad a quienes han creído y obrado bien. En cuanto a quienes hayan sido infieles, se les dará a beber agua muy caliente y sufrirán un castigo doloroso por no haber creído.
Él es Quien ha hecho del sol claridad y de la luna luz, Quien ha determinado las fases de ésta para que sepáis el número de años y el cómputo. Dios no ha creado esto sino con un fin. Él explica los signos a gente que sabe.

〜 CORÁN 10:3–5

Él es Quien creó los cielos y la tierra en seis días. Luego, se instaló en el Trono. Sabe lo que penetra en la tierra y lo que de ella sale, lo que desciende del cielo y lo que a él asciende. Está con vosotros dondequiera que os encontréis. Dios ve bien lo que hacéis.
Suyo es el dominio de los cielos y de la tierra. ¡Y todo será devuelto a Dios!
Hace que la noche entre en el día y que el día entre en la noche. Y Él sabe bien lo que encierran los pechos.
¡Creed en Dios y en Su Enviado! Dad limosna de los bienes a los que Él os ha hecho últimos poseedores. Aquéllos de vosotros que hayan creído y dado limosna tendrán una gran recompensa.

〜 CORÁN 57:4–7

La Paz Sea Sobre
los Apóstoles de Dios

¡Paz sobre Noé, entre todas las criaturas! Así retribuimos
a quienes hacen el bien. Abraham era, sí, de los suyos…
Dijo: "¡Voy a mi Señor! ¡Él me dirigirá!
¡Señor! ¡Regálame un hijo justo!"
Entonces, le dimos la buena nueva de un muchacho benigno.
Y, cuando tuvo bastante edad como para ir con su padre, dijo:
"¡Hijito! He soñado que te inmolaba. ¡Mira, pues, qué te
parece!" Dijo: "¡Padre! ¡Haz lo que se te ordena! Encontrarás,
si Dios quiere, que soy de los pacientes".
Cuando ya se habían sometido los dos y le había puesto contra el suelo,
Le llamamos: "¡Abraham! Has realizado el sueño. Así retribuimos
a quienes hacen el bien".
Si, ésta era la prueba manifiesta.
Le rescatamos mediante un espléndido sacrificio y perpetuamos
su recuerdo en la posteridad.
¡Paz sobre Abraham!

Así retribuimos a quienes hacen el bien…
Ya agraciamos a Moisés y a Aarón.
Les salvamos, a ellos y a su pueblo, de un grave apuro.

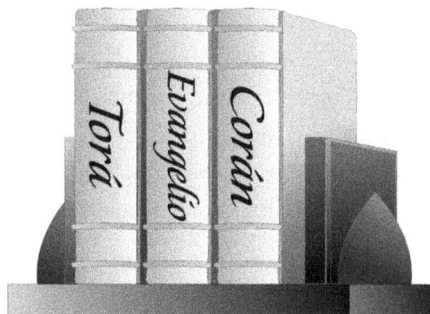

Les auxiliamos y fueron ellos los que ganaron.
Les dimos la Escritura clara.
Les dirigimos por la vía recta

Y perpetuamos su recuerdo en la posteridad.
¡Paz sobre Moisés y Aarón !
Así retribuimos a quienes hacen el bien.
Fueron dos de Nuestros siervos creyentes.

Elías fue, ciertamente, uno de los enviados.
Cuando dijo a su pueblo: "¿Es que no vais a temer a Dios?
¿Vais a invocar a Baal, dejando al Mejor de los creadores,
Dios, Señor vuestro y Señor de vuestros antepasados?"
Le desmintieron y se les hará, ciertamente, comparecer;
No, en cambio, a los siervos escogidos de Dios.
Y perpetuamos su recuerdo en la posteridad.
¡Paz sobre Elías!
Así retribuimos a quienes hacen el bien…

Jonás fue, ciertamente, uno de los enviados.
Cuando se escapó a la nave abarrotada.
Echó suertes y perdió.
El pez se lo tragó, había incurrido en censura.
Si no hubiera sido de los que glorifican,
Habría permanecido en su vientre hasta el día de la Resurrección.
Le arrojamos, indispuesto, a una costa desnuda…

¡Gloria a tu Señor, Señor del Poder, que está por encima de lo
    que Le atribuyen!
Y ¡paz sobre los enviados!
Y ¡alabado sea Dios, Señor del universo!

~ CORÁN 37:79–182

Una Oración Sufí

(Los sufíes son místicos musulmanes conocidos por su poesía,
danza y espiritualidad universal.)

Muy Misericordioso Señor nuestro,
Maestro, Mesías y Salvador de la humanidad,
　　Te saludamos con toda humildad.
Tú eres la Causa Primera y el Efecto Último,
la Luz Divina y el Espíritu de Guía,
　　Alfa y Omega.
Tu Luz está en todas las formas,
Tu Amor en todos los seres:
En una madre amorosa, en un padre cariñoso,
　　En un niño inocente, en un amigo servicial,
　　y en un maestro inspirador.
Permite que Te reconozcamos
　　en todos Tus santos nombres y santas formas,
　　como Rama, como Krishna, como Shiva, como Buda,
Haz que Te conozcamos como Abraham, como Salomón,
　　como Zaratustra, como Moisés, como Jesús, como
　　Mahoma, y en muchos otros nombres y formas,
　　conocidos y desconocidos para el mundo.
Adoramos Tu pasado, Tu Presencia ilumina profundamente
　　nuestro ser, y anhelamos Tus bendiciones futuras.
Oh Mensajero, Cristo, Nabi, el Rasul de Dios!
Tú, cuyo corazón constantemente se tiende hacia arriba,
Tú vienes a la tierra con un mensaje como una paloma
　　que desciende cuando decae el Dharma, y proclamas la
　　Palabra que está puesta en Tu boca como la luz que
　　llena la luna creciente.
Deja que la estrella de la Luz Divina, brillante en Tu corazón
　　se refleje en los corazones de Tus devotos.
Que el Mensaje de Dios se extienda por doquier, iluminando
　　y haciendo que toda la humanidad sea como una sola
　　hermandad en la Paternidad de Dios.
Amén.

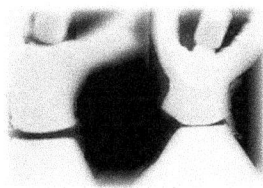

Una Perspectiva Sufí
de la Oración Cinco Veces Repetida

Siguiendo la ley celestial, la tierra cada día realiza un giro completo. La luz se mueve a través de cinco etapas como los amaneceres del sol que se sube a su cenit, desciende en los rayos oblicuos de la tarde, se pone en colores brillantes, y desaparece en la oscuridad. Para el sufí, este ciclo es un espejo de la duración de vida humana: nuestro amanecer en el mundo, nuestro crecimiento, madurez, declinación y muerte. En estas cinco etapas, el alma hace su viaje alrededor de otro sol que no sale ni se pone nunca.

La oración nos invita a despertar del yo superficial en estos momentos de la jornada. Al alinear nuestro trabajo devocional con estos momentos naturales de fuerza empezamos a movernos de una manera nueva con los ritmos de la creación de Dios y en sintonía con las correspondencias místicas entre lo exterior y lo interior y las etapas de la vida.

*De *The Illuminated Prayer* (la oración iluminada) Las oraciones de las cinco veces de los sufíes como fue revelado por Jellaludin Rumi y Bawa Muhaiyaddeen, por Coleman Barks y Michael Green.

Oración Bahá'í

Bahá'í Templo de Adoración en Nueva Delhi, India

Fundada en Persia en 1844, la Fe bahá'í es la más reciente de las religiones mundiales. Los bahá'ís reconocen a los profetas de todas las grandes religiones, incluidos Abraham, Moisés, Jesucristo, Krishna, Buda, Muhammad , Zoroastro, el Báb y Bahá'u'lláh. Hay Casas de Adoración Bahá'ís en todos los continentes, como la que se encuentra en la India, (arriba), que invitan a la gente de todas las religiones a compartir sus oraciones juntos. Cada Casa de Adoración tiene nueve puertas construidas alrededor de un santuario central en representación de los diversos caminos de acceso a la presencia de Dios.

"¡Oh gentes del mundo! Construid en todos los países casas de adoración en el nombre de Quien es el Señor de todas las religiones. Hacedlas tan perfectas como sea posible en el mundo del ser… Entonces, celebrad allí, con júbilo y alegría, la alabanza de vuestro Señor, el Más Compasivo. Verdaderamente, con Su recuerdo se alegran los ojos y se llena de luz el corazón."

∼ Bahá'u'lláh

Oraciones por la Unidad

El bienestar de la humanidad, su paz y seguridad son inalcanzables a menos que su unidad sea firmemente establecida.

~ Bahá'u'lláh

Es Nuestra esperanza que los jefes religiosos del mundo y sus gobernantes se levanten unidos para reformar esta edad y rehabilitar su destino.

~ Bahá'u'lláh

¡Oh Tú, bondadoso Señor! Tú has creado a toda la humanidad del mismo linaje. Tú has decretado que todos pertenezcan a la misma familia. En Tu Santa Presencia todos ellos son Tus siervos y toda la humanidad se cobija bajo Tu Tabernáculo; todos se han reunido en Tu Mesa de Munificencia; todos están iluminados por la luz de Tu Providencia.

¡Oh Dios! Tú eres bondadoso con todos, Tú provees a todos, das asilo a todos, confieres vida a todos. Tú has dotado a todos y a cada uno con talento y facultades y todos están sumergidos en el Océano de Tu Misericordia.

¡Oh Tú, bondadoso Señor! Une a todos. Haz que las religiones concuerden, haz de las naciones una sola, a fin de que puedan verse unas a otras como una sola familia y a toda la humanidad como un solo hogar. Que vivan todas juntas en perfecta armonía…

~ 'Abdu'l-Bahá

¡Oh Proveedor! El más caro deseo de este siervo de Tu Umbral es mirar a los amigos de Oriente y Occidente en un estrecho abrazo; ver a todos los miembros de la sociedad humana reunidos con amor en una única gran asamblea, como si fueran gotas de agua reunidas en un ingente mar; verlos a todos como pájaros de un mismo jardín de rosas, como perlas de un mismo océano, como hojas de un mismo árbol, como rayos de un mismo sol.

~ 'Abdu'l-Bahá

La Cercanía a Dios

Di: Dios es suficiente a todas las cosas por encima de todas las cosas, y nada en los cielos o en la tierra es suficiente excepto Dios. Verdaderamente, Él es en Sí mismo el Conocedor, el Sostenedor, el Omnipotente.

~ The Báb

¡Oh Hijo Del Espíritu! Te creé rico, ¿por qué te empobreces? Te hice noble, ¿por qué te degradas? De la esencia del conocimiento te di la vida, ¿por qué buscas esclarecimiento en alguien fuera de Mí? De la arcilla del amor te modelé, ¿cómo puedes ocuparte de otro? Vuelve tu vista hacia ti mismo para que me encuentres dentro de ti, fuerte, poderoso e independiente de todo.

~ Bahá'u'lláh

Cultivando las Cualidades Espirituales

¡Oh Dios! Refresca y alegra mi espíritu. Purifica mi corazón. Ilumina mis poderes. Dejo todos mis asuntos en tus manos. Tú eres mi guía y mi refugio. Ya no estaré triste ni afligido; seré un ser feliz y alegre.
¡Oh Dios! Ya no estaré lleno de ansiedad, ni dejaré que las aflicciones me atormenten, ni persistiré en las cosas desagradables de la vida.
¡Oh Dios! Tú eres más amigo mío que yo lo soy de mí mismo. A Ti me consagro, oh Señor.

~ Oración bahá'í

No os enorgullezcáis en el amor a vosotros mismos, sino en el amor a vuestros congéneres. No os gloriéis en el amor a vuestra patria, sino en el amor a toda la humanidad. Que vuestro ojo sea casto, vuestra mano leal, vuestra lengua veraz y vuestro corazón esclarecido.

~ 'Abdu'l-Bahá

Oraciones para las Familias

¡**G**loria sea a Ti, oh mi Dios! Verdaderamente este siervo Tuyo y esta sierva Tuya se han reunido a la sombra de Tu misericordia y están unidos por Tu favor y generosidad. ¡Oh Señor! Ayúdales en este mundo Tuyo y en Tu reino, y destina para ellos todo bien por Tu gracia y bondad. ¡Oh Señor! Confírmales en Tu servidumbre y ayúdales en Tu servicio. Permíteles llegar a ser los signos de Tu Nombre en Tu mundo y protégeles mediante Tus dádivas que son inagotables en este mundo y en el mundo venidero. ¡Oh Señor! Ellos suplican al reino de Tu misericordia e invocan al dominio de Tu unicidad. Verdaderamente se han desposado en obediencia a Tu mandato. Haz que lleguen a ser los signos de armonía y unidad hasta el fin de los tiempos. Verdaderamente Tú eres el Omnipotente, el Omnipresente y el Todopoderoso.

~ 'Abdu'l-Bahá

¡**O**h mi Señor, oh mi Señor! Estos dos astros brillantes están desposados en Tu amor, juntos en el servicio de Tu Sagrado Umbral, unidos en la atención de Tu Causa. Haz que este matrimonio sea como un haz de luz de Tu abundante gracia, oh mi Señor, el Todomisericordioso, y como rayos luminosos de Tus dádivas, oh Tú, el Benéfico, el Siempre Donador, para que de este árbol broten ramas que crezcan verdes y florecientes por medio de los dones que descienden de Tus nubes de gracia. En verdad Tú eres el Generoso; en verdad Tú eres el Todopoderoso; en verdad Tú eres el Compasivo, el Todomisericordioso.

~ 'Abdu'l-Bahá

¡**O**h Dios! Educa a estos niños. Ellos son las plantas de tu huerto, las flores de tu prado, las rosas de tu jardín. Haz que tu lluvia descienda sobre ellos. Haz que el Sol de la Realidad brille con tu amor sobre ellos. Haz que tu brisa les refresque para que se eduquen, crezcan, se desarrollen y se manifiesten con la máxima belleza. Tú eres el Donador. Tú eres el Compasivo.

~ 'Abdu'l-Bahá

'Abdu'l-Bahá

Una Perspectiva Bahá'í
Sobre la Oración

No hay nada más dulce en el mundo de la existencia que la oración. El hombre debe vivir en un estado de oración. La condición más bendita es la condición de oración y de súplica. La oración significa conversar con Dios… Ésta crea espiritualidad, crea atención y sentimientos espirituales, produce nuevas atracciones del Reino y engendra las susceptibilidades de una inteligencia superior.

∽ 'Abdu'l-Bahá

¿Por qué Orar?

Si un amigo siente amor por otro, su deseo es dárselo a conocer. Aunque sabe que su amigo comprende que él lo ama, todavía desea decírselo… Dios conoce los deseos de todos los corazones, pero el impulso a orar es natural en el hombre, y emana de su amor a Dios…

En la más elevada oración, el hombre ora sólo por amor a Dios, no por el temor a Él o al infierno, o porque espere favores del cielo… Cuando el hombre se enamora de un ser humano le es imposible no mencionar el nombre del ser amado. Cuanto más difícil es dejar de mencionar el Nombre de Dios cuando uno ha llegado a amarlo. El hombre espiritual no encuentra gozo en otra cosa que no sea la conmemoración de Dios…

El espíritu tiene influencia; la oración tiene efecto espiritual. Por eso rogamos: '¡Oh Dios, cura a este enfermo!' Tal vez Dios responderá. ¿Importa quién es el que ruega? Dios responderá a la oración de cualquier siervo si esa oración es urgente. Su misericordia es vasta, ilimitada. Él responde a las oraciones de todos Sus siervos. Él responde a la oración de esta planta. La planta ruega potencialmente: '¡Oh Dios, envíame la lluvia!' Dios responde a la oración y la planta crece. Dios responderá a cualquiera . . .

∽ 'Abdu'l-Bahá

Símbolo del anillo bahá'í que representa a los Mensajeros Divinos
como Intermediarios entre el cielo y la tierra.

Bahá'u'lláh
Fundador de la Fe Bahá'í

Bahá'u'lláh nació en Teherán, Persia en 1817, como Mírzá Husayn-'Alí Núrí, hijo de un ministro y gobernador regional bajo el Shah. Como defensor de los pobres y oprimidos, dejó las oportunidades que le ofrecían ventajas políticas y asumió una misión espiritual bajo el nombre Bahá'u'lláh.

El 21 de abril de 1863, Bahá'u'lláh abiertamente proclamó ser el Prometido de todas las religiones en cumplimiento de las expectativas universales de que vendría un nuevo Mensajero, marcando el comienzo de un tiempo de tribulaciones seguido por una era de hermandad mundial. Brindó vino nuevo en las enseñanzas dispuestas por Dios para satisfacer las necesidades espirituales de la edad moderna. Esta promesa es vista por los bahá'ís como en consonancia con los libros sagrados del mundo entero, no sólo con el Corán y la Biblia, sino también con las escrituras hindúes, budistas, de los nativos americanos y otras escrituras religiosas.

Bahá'u'lláh enseñó que la humanidad es una sola raza y que ha llegado la época de su unificación en una sociedad global. Todas las religiones del mundo son vistas como procediendo de un solo Dios. Ahora, como el mundo se ha convertido casi en una aldea mundial, es hora de que la humanidad reconozca su unidad y se una. "La tierra es un solo país y la humanidad sus ciudadanos". (Tablas de Bahá'u'lláh)

Su afirmación de ser portador de una revelación divina dio lugar a persecuciones y encarcelamiento por parte de las autoridades persas y otomanas. Lo obligaron a una serie de destierros que Lo llevaron desde Bagdad, Constantinopla, Andrinópolis hasta Su eventual reclusión en la ciudad prisión de Akká, en el actual Israel. Él murió, estando bajo encarcelamiento domiciliario cerca de Akká, en 1892.

Los principales escritos de Bahá'u'lláh incluyen el Kitáb-i-Íqán, un tratado que demuestra la unidad y naturaleza progresiva de la religión, el Kitáb-i-Aqdas, Su libro de leyes para la nueva era, Palabras Ocultas, una colección de sabios proverbios y una serie de cartas a los reyes y jefes de la tierra abogando por la justicia y la cooperación internacional.

La Unidad

"El Señor es nuestro Dios, El Señor es Uno."
Judaísmo

"¿Cuántos dioses hay realmente? Uno."
Hinduismo

"¡Él es Dios, Uno! Dios, el Eterno…
No tiene par."
Islam

"Atestigua que ciertamente Él es Dios
y no hay Dios sino Él, el Rey, el Protector,
el Incomparable, el Omnipotente."
Fe bahá'í

"Para nosotros hay un solo Dios, el Padre
por medio de Quien todo existe."
Cristianismo

Mediante todos y cada uno de los versículos revelados por la Pluma del Altísimo, las puertas del amor y unidad se han abierto enteramente a los hombres… Asociaos con los seguidores de todas las religiones en espíritu de amistad y compañerismo.

∾ Bahá'u'lláh

www.ingramcontent.com/pod-product-compliance
Lightning Source LLC
Chambersburg PA
CBHW060627030426
42337CB00018B/3238